Liebe sei Tat

Impressum

Liebe sei Tat

Vinzenz von Paul • Texte
Andreas Felger • Aquarelle
Herausgeber • Mutterhaus der Barmherzigen Schwestern vom
hl. Vinzenz von Paul in Untermarchtal (www.untermarchtal.de)
Textauswahl und Viten • Dr. Oliver Kohler, Mainz
Geleitwort • Kardinal Dr. Dr. Franz König, Alterzbischof von Wien
Buchgestaltung • Sabine Golde, Leipzig
Reproduktion • Digital Design Borgers, Hünstetten-Wallrabenstein
Druck • Grafische Werkstätte der Gustav Werner Stiftung, Reutlingen
Buchbindearbeiten • Realwerk G. Lachenmaier, Reutlingen

ISBN 3-87630-523-3
2003
Präsenz Verlag • Gnadenthal • 65597 Hünfelden

Liebe sei Tat

Vinzenz von Paul • Texte
Andreas Felger • Aquarelle

Präsenz

Inhalt

Vinzenz von Paul hat uns mit seinen Worten einen wertvollen Schatz hinterlassen, den es immer von neuem zu heben gilt. Mit vorliegendem Buch wollen wir Menschen an diesen Schatz führen. Entdeckt und angenommen sollen die Worte wie »Goldmünzen« ausgegeben, eingebracht werden in die Welt, um seinen Wert zu steigern. Verschlossen bleibt der Schatz wertlos. Gerade unsere Welt, die so zerrissen ist, braucht Worte der Barmherzigkeit, der Liebe und vor allem Menschen, die so leben und handeln. »Liebe sei Tat« hat der hl. Vinzenz gesagt. Er spricht immer aus der Mitte seines Denkens heraus und in tiefer Verbundenheit mit Jesus Christus. Er weiß, dass das Leben aller Menschen ein Geschenk Gottes ist, und er sich in Barmherzigkeit und Güte den Menschen zuwendet. Dies kann nur geschehen von Mensch zu Mensch. Und als Gottes ebenbildliche Schöpfung ist sein Wert und die Würde begründet. Gerade die Sinnleere und der Werteverlust in unserer Zeit verlangt nach Wertefindung, die verbindliche Maßstäbe christlichen Handelns setzen.
Das »Genie der Nächstenliebe«, wie Vinzenz von Paul genannt wird, kann auch heute Menschen ansprechen, ihnen Worte der Zusage und Hilfestellung für ein gelingendes Leben schenken. Sie müssen nur gelesen, angenommen, im Herzen eingepflanzt, meditiert und in die Tat umgesetzt werden. Aus ihnen spricht die unendliche Liebe Gottes zu den Menschen, sie wird sicht- und spürbar durch unser Tun. Die Wirkungsweise der tätigen Liebe öffnet die Fülle des Lebens. Vinzenz von Paul sieht gerne die Liebe als Feuer, dessen Flamme der Eifer ist. Menschen, die im tiefsten Herzen brennen, können andere begeistern und neu entflammen, sind motiviert zur tätigen Nächstenliebe. Sie geben dadurch Zeugnis für das Wort Gottes und räumen in unserer Gesellschaft wieder mehr Raum für Barmherzigkeit ein. Gerechtigkeit allein genügt nicht, sie braucht unbedingt die Barmherzigkeit. Vinzenz von Paul hat es hervorragend

verstanden, Gottes Wort in den Alltag, in die tätige Nächstenliebe zu übersetzen.
Andreas Felger hat zu den Vinzenz-Worten, die ihn sehr bewegt haben, Bilder gemalt. Er ist bekannt durch sein umfangreiches Schaffen gerade in der Auseinandersetzung mit biblischen Themen. Dazu zählen Zyklen wie die Schöpfung und das Hohelied im Alten Testament, wie Emmaus, Gleichnisse, aber auch Ich-bin-Worte und der Kreuzweg aus dem Neuen Testament. In aller Vielseitigkeit von Technik, Form und Thematik seiner Arbeit ringt er darum, dass seine Kunst Harmonie zwischen Schöpfung und Schöpfer, die Hoffnung der Kreatur auf Erlösung zum Ausdruck bringen. In seinem Schaffen wird seine persönliche Gotteserfahrung spürbar. Diese, formuliert und artikuliert in seinen Werken, macht ihn zum Künder der Frohen Botschaft. Vielen Menschen konnte er dadurch Gottes liebende Nähe, seine Treue zu den Menschen und die Bestimmung des Menschen für das Ewige erfahrbar machen.
Die Worte des hl. Vinzenz in Korrespondenz mit den Bildern von Andreas Felger bringen das Wort Gottes hör- und sichtbar zum Ausdruck. Wort und Bild wollen in die Herzen der Menschen eingeschrieben und eingezeichnet sein, aus denen fruchtbare und tätige Liebe erwachsen.

Damit verbinde ich die Hoffnung, dass dieses Buch vielen Menschen, besonders auch den fragenden, suchenden jungen Menschen Anregung und Motivation sei, um durch den helfenden Dienst der Menschen Gottesliebe sichtbar und wirksam zu machen.

Kard. König

Kardinal Dr. Dr. Franz König, Alterzbischof von Wien

Liebe

Die Liebe ist bis ins Unendliche erfinderisch.

Ich muss einfach meinen Nächsten lieben,
denn Gottes Bild leuchtet ja in ihm auf.

Keinen besseren Gebrauch kann man von den Erdengütern machen, als sie in den Dienst erbarmender Liebe zu stellen. Dadurch kommen sie gleichsam wieder in Gottes Hand zurück, der ihr Anfang und ihr Ziel ist.

Ohne die Liebe und Güte können sie keine Töchter der Caritas sein. Sie trügen dann nur deren Namen und Kleid, und das wäre ein großes Unglück.

Hochachtung bewegt den Willen zur Liebe.
Sie erweckt jene Ehrerbietung und Zuneigung,
die man dem Mitmenschen schuldet,
und gibt sich kund in allem, was man spricht und tut.

Herzlichkeit ist die kleine Münze der Liebe.

Unsere herzliche Liebe zueinander
sollen wir auch zu erkennen geben.

Was man aus Liebe gibt, wird Gott selbst gegeben.
Ist es nicht ein Glück ohnegleichen,
ihm geben zu dürfen, was ihm gehört
und was wir durch seine Güte erhalten haben?

Wer die Liebe hat, tut jedem Gutes,
so wie er es wünscht, dass es ihm geschehe.
Darin besteht das Wesen der Liebe.

Die Liebe lässt das Herz des einen in das Herz des
anderen übergehen und mit ihm fühlen, was er fühlt.

Die Liebe vermag sogar auferzwungene Not in
freiwilliges Tragen und in Tugend zu verwandeln.

Einfachheit

Die Einfachheit bekehrt alle.

Jesus Christus hat sein Gefallen an der wahren Demut
und an der Einfachheit in Worten und Handlungen.

Wenn man nicht völlig selbstlos ist, wird es fortwährend
Streitigkeiten geben.

Man muss eine große Schlichtheit besitzen,
um die Dinge so zu sagen, wie sie sich verhalten.

Mein Gott, ich bitte dich nicht,
einen Engel oder einen Apostel aus mir zu machen.
Was ich mir wünsche, ist nur:
stets anpassungsfähig und bereit zu sein!

Unsere Sendung

Das ist eure Sendung:
Armen und Kranken menschgewordene Gottesgüte zu sein
und Gottes Stelle an ihnen zu vertreten.

Gott befiehlt uns bloß, die Netze auszuwerfen,
nicht aber, Fische zu fangen, weil er es ist,
der sie ins Netz gehen lässt.

Gott hat uns zu Helfern seiner unendlichen Vatergüte erwählt. Er will, dass sich diese Liebe in der ganzen Welt ausbreitet und um sich greift.

Wir müssen uns über das Wesen der Caritas im Klaren sein, um sie nicht mit einer allgemeinen Sozialarbeit zu verwechseln.

Welche Schwierigkeiten uns auch entgegenstehen:
Es geht um den Ruhm des Ewigen Vaters,
um das Lebendigwerden des Wortes,
um die Passion des Sohnes.

Gutes wirken

Man muss den Tag glücklich preisen, an dem man etwas Böses verhütet oder etwas Gutes gefördert hat.

Das Gute ist schlecht, wenn es da ist, wo Gott es nicht will.

Mit guten Werken allein darf man sich nicht zufrieden geben. Man muss sie bereichern und veredeln durch die ehrliche und heilige Absicht, einzig Gott zu gefallen und ihm die Ehre zu geben.

Unsere einzige Lebensaufgabe heißt: Wirken.

Wie viel verlieren wir durch unsere Gedankenlosigkeit, und wie sehr verringern wir den Wert unserer guten Werke, weil wir sie dem Herrn nicht aufopfern.

Nichts macht so sehr die Anfänger im Eifer und in der Beharrlichkeit wankend, als wenn sie sehen, dass ihnen die Alten kein gutes Beispiel geben.

Geht es darum, Gutes zu tun, so frage Jesus Christus:
Herr, wenn du an meiner Stelle stündest,
was würdest du jetzt tun?

Selten wirkt man Gutes ohne Anstrengung.

Der andere Mensch

Nicht etwas vom anderen wollen, den anderen wollen.

Es lohnt sich, mehr die Schwächen der anderen zu ertragen als sich gegen sie einzustellen.

Gott bedient sich eines jeden Menschen nach seinem Wohlgefallen, eines bösen so wie eines anständigen – sogar bis zu Wundertaten.

Man glaubt nie einem Menschen, weil er klug ist, sondern weil man ihn schätzt und liebt.

Bemühe dich, die Fehler und Schwächen deiner Mitmenschen zu ertragen und denke daran, dass, wenn du heute die körperlichen und geistigen Gebrechen eines anderen erträgst, morgen vielleicht die anderen dich ertragen müssen.

Eine Zurechtweisung ist wie ein Aderlass oder wie eine Arznei, die dazu dienen, böse Säfte zu vertreiben.

Wenn wir uns nur auf Menschen stützen,
auf Begabung und Glück,
dann wird Gott uns verlassen.

Ich muss einfach meinen Mitmenschen lieben,
denn Gottes Bild leuchtet ja in ihm auf.

Freuen wir uns, wenn dem anderen etwas gelingt und wenn er uns an Ehre und Ansehen, an Talenten, Gnaden und Tugenden übertrifft.

Unser Nächster

Einer der wesentlichsten Akte der Liebe ist das Ertragen unseres Nächsten.

Es ist schon etwas, wenn den Kranken und Armen in leiblicher Hinsicht geholfen wird. Aber wir würden unseren Nächsten keinen wirklichen Dienst erweisen, wollten wir nur Lebensmittel und Arzneien verteilen.

Kann ich mir das Zeugnis geben, dass ich meinem Nächsten das tue, was ich von ihm wünsche?

Es genügt mir nicht, Gott zu lieben, wenn mein Nächster ihn nicht liebt.

Die gute Seite

Gewöhne dich daran, Dinge und Menschen immer und in jedem Fall nach ihrer guten Seite hin zu beurteilen.

Wer seinen Mitmenschen hoch achtet und ihm sehr gewogen ist, wird der wohl übel von ihm reden können?

Bemühen wir uns um eine demütige Gesinnung, aus der heraus wir die Handlungsweise unseres Nächsten im guten Sinne deuten und ihn in seinen kleinen Schwächen ertragen.

Achtung

Man bezeigt sich gegenseitige herzliche Hochachtung, wenn man im wirklichen Frieden und in Güte miteinander lebt, nach dem Beispiel Jesu Christi die kleinen Fehler der anderen erträgt, so wie er die seiner Apostel und der sonstigen Leute, mit denen er umging, ertrug, und sich durch ihre Worte und Werke zu erbauen trachtet.
Aus dieser Einstellung wächst als erste gute Frucht Gottes Verherrlichung und sodann größere Einheit unter uns.

Solange sie sich gegenseitig Achtung und Sanftmut bezeigen, wird ihr Haus ein Paradies sein.

Versuche dem anderen herzliche Hochachtung zu zeigen durch ein frohes Gesicht. Du fragst: Wie soll man aber mit freundlichem Gesicht auftreten, wenn das Herz traurig ist? – Es ist unwesentlich, ob dein Herz froh ist oder nicht. Das ist durchaus keine Heuchelei; denn die Liebe beruht im Willen.

Milde

Kein Mensch ist im Guten ausdauernder und unbeirrbarer als der Milde und Gütige.

Das ist ein unverbrüchlicher Grundsatz: Wer vom Geist unseres Herrn beseelt ist, handelt milde und sanft. Unfreundlich und hart wird dagegen vorgehen, wen die Natur und der böse Geist erfüllen.

Wer sich kennt, weiß, dass er seinen Mitmenschen manches zu ertragen gibt. Und je tiefer einer spürt, dass ja auch Gott seine Verkehrtheit erträgt, desto mehr ist er bereit, die Last zu tragen, die der andere ihm aufbürdet.

In der Milde liegt eine Kraft, die Menschen für Gott zu gewinnen.

Unsere Arbeit

Willst du deine Arbeit so verrichten, wie Gott sie verlangt, dann verrichte sie aus Liebe.

Alles gut tun, was man nach seinem Beruf zu tun verpflichtet ist – das ist die wahre und gründliche Heiligkeit.

Da Gott sich mit unserem guten Willen und mit unserem ehrlichen Bemühen begnügt, sollten wir uns auch mit den Endergebnissen, die er gibt, begnügen. Dann würde unser Handeln nie fruchtlos sein.

Das Werk unseres Herrn wird nicht so sehr gewirkt durch die Menge der Arbeiter, sondern viel mehr durch die Treue der wenigen, die er beruft.

Seinen Dienern verbirgt Gott oft die Früchte ihrer Arbeit. Er hat seine guten Gründe dafür.

Das sicherste Mittel zum Erfolg in einem Unternehmen, welcher Art es auch sein möge, ist, dass man sich in einer gänzlichen Hingabe an die göttliche Vorsehung halte, wie auch in einer demütigen Abhängigkeit von ihren Anordnungen.

Schreiben wir alles Gute getrost Gott zu! Doch arbeiten, ja arbeiten wir für die armen Menschen, die auf uns warten!

Sammlung

Bemühe dich um die innere Sammlung bei all deinen Arbeiten.

Es gibt nichts, was dem Evangelium besser entspräche, als zunächst alles Licht und die Kraft seiner Seele im Gebet, in der Lesung und in der Einsamkeit zu sammeln und dann hinzugehen und den Menschen Anteil an dieser geistlichen Speise zu geben.

Gute Gedanken, die Gott uns schenkt, sind wie Reliquien: Wir müssen sie sorgfältig sammeln und sie zur Tat werden lassen.

Heil

Das Heil der Menschen ist ein so wertvolles Gut,
dass man sich darum kümmern muss –
gleich, welchen Preis es auch kosten mag.

Für die geistlichen Bedürfnisse unseres Nächsten müssen wir laufen, wie man zum Feuerlöschen läuft.

Vollkommenheit

Die Vollkommenheit besteht nicht in der Vielfältigkeit der Dinge, die man verrichtet, sondern darin, dass man sie in dem Geiste verrichtet, in dem unser Herr die Seinigen verrichtete.

Wollen, was die göttliche Vorsehung will, und nichts wollen, was sie nicht will.

Wie wenig wird erfordert, um heilig zu werden!
Nichts anderes, als die Erfüllung des göttlichen Willens!

Vertrauen

Gott will mehr das Vertrauen als die Klugheit.

Niemals beruft Gott zu einer Stellung,
zu der er nicht die Fähigkeiten gab oder geben wird.

Überlassen wir uns der göttlichen Vorsehung;
sie weiß genau das herbeizuführen, was wir brauchen.

Vorsicht ist gut, wenn sie der göttlichen Vorsehung unterworfen bleibt, aber sie ist übertrieben, wenn man mit unmäßiger Ängstlichkeit etwas Unangenehmes zu vermeiden sucht.

Wer sein Hoffen auf Gott gesetzt hat, der soll sicher sein: Auch wenn die ganze Welt gegen ihn steht, wird ihm nur das widerfahren, was Gott gefällt.

Siehst du nicht, dass die Vorsehung so für dich sorgt, als beschäftige sie sich ausschließlich in einer ganz besonderen Weise mit dir?

Zeit

Die Werke Gottes haben ihre Zeit;
uns kommt es zu, zu warten.

Es ist nicht nötig, der Vorsehung vorauszueilen.
Aber sobald die Vorsehung den Weg geöffnet hat,
braucht man nicht mehr im Schritt zu gehen,
sondern sollte laufen.

Gottes Sohn segnet stets und viel mehr die unscheinbaren als die aufsehenerregenden Anfänge.

Man braucht Gnade, um anzufangen
– mehr noch, um bis zum Ende durchzuhalten.

Drängt uns die Notwendigkeit, uns zu beeilen,
so soll es langsam geschehen.

Gib dich abends beim Schlafengehen ganz Gott hin und bitte ihn um die Kraft, dich morgens zu überwinden und seiner Stimme ohne Zögern zu gehorchen.

Gott verfehlt nie, uns zu helfen, wenn die Zeit da ist
und wenn wir von unserer Seite aus alles getan haben,
was wir konnten.

Wir selbst

Die Geduld, uns selbst zu ertragen,
ist nicht minder notwendig als die Nächstenliebe,
um den Nächsten zu ertragen.

Wir haben keinen größeren Feind als uns selbst.

Man muss an der unbezweifelbaren Regel festhalten, dass die Schwierigkeiten, die wir mit unserem Nächsten haben, viel mehr aus unserer eigenen, selbstsüchtigen Laune herrühren als anderswoher.

Um bei Gott eintreten zu können, muss man aus sich hinausgehen.

Richte dein Auge zuerst auf dein eigenes Elend, dann aber blick auf zur Barmherzigkeit Gottes und verweile mehr bei seiner Vollkommenheit als bei deiner Unwürdigkeit.

Wenn es dir scheint, der andere sei übel gelaunt,
so gib wohl Acht, ob du dich nicht täuschest
– ob du nicht vielmehr selbst missgestimmt bist.

Das ist ein wahrer, untrüglicher Grundsatz, dass Gott früher oder später immer diejenigen rechtfertigt,
die sich selbst nicht zu rechtfertigen suchen.

Sieh nicht darauf, was du selber bist, sondern erblick' unseren Herrn bei dir und in dir, der bereit ist, Hand ans Werk zu legen, sobald du bei ihm Hilfe gesucht hast,
und du wirst sehen, dass alles gut ist.

Sein oder gelten

Gottes Güte fordert von uns, dass wir nie und nirgendwo Gutes tun, um dadurch bedeutend zu wirken.

Besser und tugendhafter sein wollen als andere, ist gut; aber für besser und tugendhafter gelten wollen, das ist Stolz.

Versuche es, soweit es dir möglich ist, nie etwas zu scheinen! Tue nie etwas um menschlicher Hochachtung willen!

Wir sollen alles für Gott tun, ohne die Achtung der Menschen zu suchen und auf ihren Beifall zu rechnen.

Sich in Jesus Christus verborgen halten, im Dienst der Armen arbeiten, ohne Lärm, ohne Aufsehen, das heißt, die Absichten der göttlichen Vorsehung mit großer Sicherheit erfüllen.

Unser Herz

Gott verlangt weder unser Wissen noch unsere Werke, wenn er nicht unser Herz hat.

Die Ehrerbietung, die man sich gegenseitig bezeugt, muss aus dem Herzen kommen, weil ja das Herz ihre Quelle sein muss. Nur die Hochachtung, die aus dem Herzen kommt, erzeugt die wahre Ehrerbietung, und aus ihr entspringt Herzensgüte.

Der Doppelsinn missfällt Gott; wer wahrhaft einfältigen Herzens sein will, darf kein anderes Ziel vor Augen haben, als Gott zu gefallen.

Strebe danach, dass alles, was du sagst, von Herzen kommt!

Manche leben in Frieden, weil ihr Herz keinen Zwiespalt kennt und sie Gott alles gegeben haben; andere leben ruhelos, weil sie Gott zwar lieben wollen und doch nicht lassen können, andere Dinge außer Gott zu lieben.

Wenn das Herz leer ist von sich selbst, dann wird Gott es füllen. Es ist die Demut, die ihn anzieht, dass er darin wohnen und handeln will.

Demut

Jesus Christus hat sein Gefallen an der wahren Demut und an der Einfachheit in Worten und Handlungen.

Demut allein ist fähig, Gnade zu tragen.

Gott sieht nicht auf äußere Pracht; er findet seine Freude nicht in den Palästen der Fürsten, sondern in einer demütigen Seele, welche die weltliche Weisheit gering achtet und sich von ihm allein unterweisen lässt.

Missionarischer Geist ist ein Geist der Demut und Einfachheit.

Was den Vorrang, die Nützlichkeit, den guten Ruf betrifft, so müssen wir anderen den Vortritt lassen.

Unser Grundsatz: Nichts verlangen – nichts abschlagen!

Achte die Meinung der anderen und richte dich soviel wie möglich danach. Es ist ein Zeichen der Ehrerbietung und eine Übung der Demut.

Es ist nicht der Geist unseres Herrn, wenn man etwas tut, um dafür Hochachtung zu ernten.

Glücklich zu preisen sind jene, die sich ohne Vorbehalt Gott hingeben, um das zu tun, was Christus tat, und jene Tugenden üben, die Christus übte: Armut, Gehorsam, Demut, Geduld und Seeleneifer.

Nicht prunkende Worte nützen der Seele, sondern Einfalt und Demut; diese öffnen der göttlichen Gnade die Herzen.

Leg' immer den Schmuck dieser drei kostbaren Edelsteine an: der Einfalt, der Demut und der Liebe.

Auch wenn wir nicht zufrieden sind, so nimmt doch alles den besten Verlauf, sofern wir uns zu demütigen wissen und unser Vertrauen auf Gott verdoppeln.

Für glanzvolle Taten findet Gott genügend Arbeiter. Jedoch für unscheinbares Wirken braucht er noch viele.

Gott findet seine Freude und Zuversicht darin, dass er mit Demütigen und Einfältigen verkehrt, solange sie selbst in der Erkenntnis ihrer Niedrigkeit verharren.

Richte dein besonderes Augenmerk auf jene Tugenden, die durch die vier Enden des Kreuzes dargestellt werden: Demut, Liebe, Gehorsam, Geduld.

Ich fand niemals ein anderes und geeigneteres Mittel zur Verwirklichung und Bewahrung der Einheit und Liebe mit Gott und dem Nächsten als die heilige Demut. Sie kommt an erster, zweiter, dritter, vierter und schließlich an letzter Stelle.

Geistliches Leben

Der Geist unseres Herrn gibt uns dieselbe Neigung zur Tugend wie die Natur zum Laster.

Der Schlüssel zum geistlichen Leben besteht darin,
alle Zustände anzunehmen, in die Gott uns versetzt.
Sind wir in Betrübnis: Gott sei gepriesen!
Sind wir im Trost: Gott sei gepriesen!

Der Teufel kann wohl bellen und Lärm machen,
aber nie kann er uns beißen und schaden,
wenn wir es nicht wollen.

Die Abtötung, aus Liebe zu Gott geübt,
trägt mehr Freude als Beschwerde in sich.

Seien wir versichert: Das Tempo unseres Fortschritts im geistlichen Leben richtet sich nach dem Tempo unseres Fortschritts in der Tugend der Abtötung.

Mache nur Fortschritte in der Schule unseres Herrn, und er wird dir bessere Erkenntnisse geben als alle Bücher.

Gott erhebt uns und lässt uns sinken; er tröstet uns und sucht uns mit Trübsal heim, je nachdem er uns bereit sieht, aus dem einen oder anderen Nutzen zu ziehen.

Fromme Gefühle genügen nicht;
sie müssen übergehen in den Entschluss,
sich mit ganzer Kraft um die Tugend zu mühen.

Gott

Halten wir es mit Gott, dann hält er es mit uns
– und mit ihm besitzen wir alles.

Das Kennzeichen wahrer Gotteskinder:
immer bereit sein, auf die Absichten des liebenswürdigen Vaters einzugehen.

Es gibt nichts, was uns näher gehen muss als Gottes Ehre und Wille, nichts Zarteres als der Gedanke an seine Güte und sein Wohlgefallen, nichts Stärkeres als das Wort:
Für einen Gott, der mich liebt, will ich mich demütigen, will ich meine Verachtung lieben.

Wie gut ist uns Gott, wenn wir treu zu ihm stehen.

Es genügt nicht, zu tun, was Gott von uns verlangt, wenn wir es darüber hinaus nicht um der Liebe Gottes willen tun.

Was sich ohne unser Zutun und Wünschen ereignet, zeigt am besten Gottes Willen an.

Man muss wollen, was die göttliche Vorsehung will,
und nichts wollen, was sie nicht will.

Lieber sterben als sagen: Ich bin nicht bereit für Gott.

Was Gott von uns fordert, ist dies:
Festes Wollen und echte Bereitschaft,
jede Chance zu nutzen, sich einzusetzen für ihn.

Suche nur Gott in all deinem Tun und zweifle dann nicht: Er wird es recht machen.

Gottes Werke gedeihen nicht dann, wenn wir es wünschen, sondern wenn es Gott gefällt.

Seien wir ganz für Gott, dann wird er ganz für uns sein, und mit ihm besitzen wir alles.

Wenn nur Gott gedient und verherrlicht wird, dann soll uns das Gerede und Getue der Menschen nicht kümmern.

Gott wird denen seine Hilfe nicht versagen, die auf ihn hoffen und sich für seine Sache einsetzen. Er versäumt nie, das Seine zu tun, wenn wir das Unsere getan haben.

Unser aller Vater weiß, was wir brauchen. Er erniedrigt und tröstet uns, wann es ihm gefällt. Wir wissen, dass er uns liebt und in allen Dingen unser Bestes will.
Gott ist unser Vater.

Wenn jemand hier auf Erden mit Gottes Willen übereinstimmt, so ist das schon der Anfang des Himmels auf Erden.

Glaube

Das Licht des Glaubens ergießt sich in verborgener Weise in die Herzen. In schweren Nöten ist es Zeit zu zeigen, ob wir wahrhaft auf Gott vertrauen.

Eine Seele, die weder Gott kennt, noch um das weiß, was Gott aus Liebe getan hat, wie kann sie glauben, hoffen und lieben? Und wie kann sie gerettet werden ohne Glaube und ohne Hoffnung und ohne Liebe?

Wir schenken jemandem nicht deshalb Glauben, weil er gelehrt ist. Wir glauben ihm vielmehr, weil wir wissen, dass er gut ist, und weil wir ihn lieben. Unser Herr hat jene zuerst geliebt, die er zum Glauben führen wollte.

Will Gott sich einer Seele mitteilen,
so tut er es ohne Aufhebens,
auf feine Art:
ganz behutsam, mild, liebenswürdig.

Der Wille Gottes

Ständig in Gottes Gegenwart leben –
das heißt doch nichts anderes
als seinen Willen zu erfüllen.

Haben wir einmal den eigenen Willen abgelegt,
dann sind wir sicher imstande, den Willen Gottes zu tun,
in dem die Engel ihre Glückseligkeit
und die Menschen ihr Glück finden!

Habt keine Anhänglichkeit, weder an Orte, noch an Personen, noch an Ämter und Geschäfte, und seid jederzeit bereit, alles zu verlassen, wenn der Gehorsam euch von einem Orte abruft, und denket, Gottes Wille sei es, der euch wegführt.

Eine Schwester, die das ganze Leben den Willen Gottes tut, beginnt auf Erden das zu tun, was die Seligen im Himmel tun. Sie beginnt ihr Paradies hier auf dieser Welt, denn sie hat keinen anderen Willen als den Willen Gottes. Das ist Teilnahme am Glück der Seligen.

Welch ein Glück, nur zu wollen, was Gott will; nichts zu tun, als wozu die Vorsehung die Gelegenheit bietet, und nichts zu haben, als was Gott uns durch seine Vorsehung gegeben hat!

Gebet

Alle unsere Handlungen sind das wert, was das Gebet in der Morgenfrühe sie wert sein lässt.

Das Gebet ist wie ein Spiegel, in dem die Seele alle ihre Flecken und Hässlichkeiten entdeckt.

Die Vollkommenheit des Gebetes und unseres Innern besteht nicht in einer mehr oder minder erhabenen Art zu beten, sondern in der Liebe.

Gebt mir einen Mann des Gebetes
– und er ist fähig, alles zu tun!

Überschwang ist niemals zu loben,
vor allem nicht im Gebet.

Von einem Menschen, der keine Lust hat, sich mit Gott zu unterhalten, lassen sich keine großen Dinge erwarten.

Wissen wir nicht, um was wir Gott bitten sollen,
so erbitten wir doch seinen Geist;
denn dieser göttliche Geist ist das Leben unserer Seele.

Einer der wesentlichen, wenn nicht sogar der wichtigste Teil des Gebetes ist: gute Entschlüsse zu fassen.

Nicht leichtfertig sollte man über seine Entschlüsse im Gebet hinweggehen, sondern sie immer wieder entfachen und sie fest einwurzeln lassen ins Herz. Darum ist es gut, klar ins Auge zu fassen: Schwierigkeiten, die sich ergeben können, aber auch Hilfen, die sich uns bieten.

Name / Vorname

Straße, Hausnummer

PLZ / Wohnort

Präsenz Verlag

Präsenz Verlag
Gnadenthal, D-65597 Hünfelden
Telefon: 06438 / 81 281 Fax: 06438 / 81 282
Info@praesenz-verlag.de
www.praesenz-verlag.de

Mit der Rücksendung erkläre ich mich einverstanden, dass meine Adresse in die Kundendateien des Präsenz Verlags aufgenommen wird. Wenn ich keine Zusendung mehr wünsche, kann ich jederzeit eine Adresslöschung verlangen.

Bitte
frankieren

Antwortkarte

Präsenz Verlag
Gnadenthal

D-65597 Hünfelden

Sehr geehrte Leserin, sehr geehrter Leser,

Sie haben das Buch **"Liebe sei Tat"** aus unserem Verlag erworben oder geschenkt bekommen. Wir hoffen, dass es Ihnen zusagt und wünschen Ihnen beim Lesen und Betrachten Freude und Inspiration. Ihre Meinung über das Buch würden wir gerne hören. Bitte teilen Sie uns Ihre Eindrücke an dieser Stelle mit.

Gerne informieren wir Sie regelmäßig über unsere Neuerscheinungen. Wenn Sie dies wünschen, senden Sie uns bitte diese Karte mit Ihrer Adresse versehen zurück. Vielen Dank.

2000

Gott lieben

Gott zu lieben, genügt nicht.
Man muss auch dafür sorgen,
dass andere ihn lieben.

Gott verlangt wohl, ihn aus ganzem Herzen, aus ganzer Seele und aus ganzem Gemüte zu lieben;
aber er verlangt nicht, dass das Herz und die Seele diese Liebe immer empfinden sollen.

Sei versichert: Solange du deine Pflichten erfüllst, liebst du Gott – und solltest du von dieser Liebe auch nichts fühlen.

Wir können Gott nie so lieben, wie wir es müssten.
Gott ist unendlich liebenswert.

Jene, die eine große Liebe zu Gott haben, rühmen sich dessen nicht. Im Gegenteil: Sie fürchten, keine Liebe zu haben.

Das verlangt Gott von uns: Lebendiger Wille soll uns beseelen, dass nur Liebe zu ihm all unser Tun bestimmt.

Lieben wir Gott, aber auf Kosten unserer Arme und im Schweiße unseres Angesichts.

Ein bloß gemalter Christ

Christ sein und seinen Bruder leiden sehen,
ohne mit ihm zu weinen, ohne mit ihm krank zu sein,
– das heißt ohne Liebe sein – ein bloß gemalter Christ.

Es gibt wenige, die nicht ihren vielgeliebten Isaak haben. Aber wir müssen uns von ihm losmachen; unser Herz muss frei werden von jeder anderen Liebe als der göttlichen und von jedem anderen Willen als dem – zu gehorchen.

Kernig soll man in seiner Haltung sein, jedoch nicht rau, und jede fade Süße vermeiden, die zu nichts nütze ist.

Tun

Durch unsere Werke haben wir zu bezeugen, dass wir Gott lieben.

Es ist ein sicheres Kennzeichen, dass Gott der Urheber eines guten Werkes ist, wenn man nicht angeben kann, durch wen es zustande kam.

Suche nur Gott in all deinem Tun und zweifle nicht daran: Er wird es recht machen!
Unser Sein und Tun sollen beseelt sein von
einem Feuer, das nie erlischt.

Wenn nur Gottes Werk getan wird
– es ist gleichgültig durch wen!

Die Straße als Kreuzgang

Als Kloster habt ihr die Häuser der Kranken,
als Zelle ein Mietzimmer,
als Kapelle die Pfarrkirche,
als Kreuzgang die Straßen der Stadt,
als Klausur den Gehorsam,
als Gitter die Gottesfurcht
und als Schleier die Bescheidenheit.
Als Profess das Vertrauen in die göttliche Vorsehung,
die Hingabe all dessen, was ihr besitzt.

Gehen wir also und dienen wir den Armen mit neuer Liebe und suchen wir gerade die Verlassensten und Ärmsten auf. Erkennen wir vor Gott, dass sie unsere Herren und Meister sind und dass wir nicht würdig sind, ihnen unsere kleinen Dienste zu erweisen.

Wer euch sieht, müsste euch an den Tugenden der Demut, Einfalt, Sanftmut und Liebe erkennen. Ob ihr mit dem Nächsten sprecht oder durch die Straßen geht, seid ganz gütig und habt ein offenes Herz.

Man verlässt Gott nicht, wenn man zu einem Hilfsbedürftigen geht, denn man findet ihn dort wieder.

Die Armen

Die Armen sind unsere Herren und Meister. Unwürdig sind wir, ihnen unsere kleinen Dienste zu leisten.

Dienet den Armen mit großer Milde und Hochachtung; denn die Armen werden euch den Himmel öffnen.

Die Armen sind unsere Herren, das ist so sicher wie die Tatsache, dass wir uns in diesem Raum befinden. Es ist keine Übertreibung, sie so zu bezeichnen, denn in den Armen ist uns der Herr gegenwärtig.

Seid vor allem freundlich und mitfühlend mit den Armen. Denn ihr wisst, sie sind unsere Herren, und wir sollen sie herzlich lieben, sie aus allen Kräften ehren. Es darf uns nicht genügen, diese Grundsätze vor Augen zu haben, sondern wir müssen durch unsere liebe- und hingebungsvolle Sorge auch Zeugnis davon ablegen.

Geht nie mit den Kranken nachlässig um,
sondern versorgt sie mit warmherziger Liebe,
dient ihnen von Herzen, erkundigt euch genau über das,
was sie nötig haben.
Sprecht zu ihnen mit zartem Mitgefühl,
versorgt sie ohne Hast.

Habe ein Herz für die Armen –
ohne Maß wird dann dein Herzensfriede sein!

Das Recht zu geben,
muss durch Liebe erworben werden.

Freundlichkeit

Freundlichkeit und Milde öffnen die Herzen.

Es ist keine Heuchelei, sondern christliche Klugheit, den anderen nicht merken zu lassen, welche Wunde er unserem Herzen durch Worte oder auf andere Art geschlagen hat. Zeige immer ein freundliches Gesicht und verkehre mit ihm in aller Güte und Sanftmut.

Freundlichkeit löst Schwierigkeiten.

Freundlichkeit ist die Seele einer guten Unterhaltung; sie macht das Gespräch nicht nur nützlich, sondern vor allem angenehm.

Sanftmut

Die Sanftmut und gegenseitige Duldung ist eine Quelle des Friedens und ein Band der Vollkommenheit, das die Herzen vereinigt.

Gib nach – wenn nur Gott nicht dadurch beleidigt wird!

Liebenswürdiges Wesen und höfliche Gefälligkeit sollen aus uns sprechen, damit wir niemand abstoßen.

Sanftmut und Demut sind zwei liebliche Schwestern, die gut zusammenpassen; gleich wie Einfalt und Klugheit können sie nicht getrennt werden.

Geduld

Es gibt fast keinen Augenblick im Leben, in dem wir die Tugend der Geduld nicht nötig hätten.

Gott gibt selbst einer guten Sache nicht immer gleich Erfolg, damit jene an Verdienst wachsen, die sich um das gute Werk bemühen. Die Länge der Arbeit, die Geduld und das Beten lassen reifer werden.

Wenn irgendjemand auf das Paradies hoffen darf,
dann sind es jene, die die Treue gehalten haben.

Hat man einmal an sich selber Schwächen und Prüfungen erlebt, dann hat man bei anderen ein feineres Gespür dafür.

Welch ein Glück ist es, an dem Platz auszuharren, an den Gott uns gestellt hat! – Welch ein Unglück, sich dort festzusetzen, wohin Gott uns nicht gerufen hat!

Maria

Ein jeder unserer Tage ist bezeichnet mit dem Siegel des Schutzes der Gottesmutter, welche gern unsere Mutter sein will, wenn wir ihre Kinder sein wollen.

Rufen wir die allerseligste Jungfrau Maria an; sie hat besser als irgendjemand die Grundsätze Jesu Christi in ihrem Wesen erkannt und vorgelebt.

Annahme

Eine Lebenslage fliehen, in die Gott uns hineingestellt hat, heißt, sein Glück zu fliehen.

Gott missfällt nichts so sehr, als wenn jemand murrt.

Wir sind keine wahren Christen, wenn wir nicht den Spott, mit dem man uns überhäuft, umarmen und herzlich lieben.

Nimm alles gut auf! Wer wahrhaft liebt, wird nicht so leicht durch ein Wort beleidigt.

Weisheit

Christliche Weisheit ist dies: Urteilen, sprechen und handeln wie die Ewige Weisheit geurteilt, gesprochen, gehandelt hat, als sie in Menschengestalt bei uns war.

Wer den Verlust von Besitz, Gesundheit und Ehre erduldet hat, ist viel geeigneter, Menschen mit gleichen Nöten und Schmerzen zu trösten, als einer, der nicht ahnt, was das ist.

Wir gehören Gott und seiner Vorsehung und sind bereit, auf seine Weisungen einzugehen, sobald wir sie erkannt haben.

Gottes Dinge geschehen von selbst.
Die wahre Weisheit besteht darin,
der Vorsehung Schritt auf Schritt zu folgen.

Leiden

Es ist wahr, dass Krankheit uns viel besser als die Gesundheit sehen lässt, wer wir sind.

Bedenke es wohl: Der Zustand des Leidens ist Gott wohlgefällig, denn sein eigener Sohn hat seine Lebenstaten durch das Leiden krönen wollen.

Wenn wir zu den Notleidenden gehen, müssen wir uns in ihre Gefühlswelt versetzen. Nie darf die Klage des Herrn auf uns zutreffen: Ich wartete, ob einer mit mir trauerte, aber niemand war da; ich wartete, ob einer meine Leiden mitlitte, aber es fand sich keiner.

Wir haben Gott zu danken und zu preisen,
wenn wir Bedrängnisse leiden müssen
wegen unserer erbarmenden Liebe.

Gerade dann, wenn in diesem Leben das Leid überwiegt, dann wird Gott durch dich allein Taten vollbringen, die alle Menschen zusammengenommen nicht zuwege bringen – ohne Gott.

Jesus Christus

Der Mensch ist niemals reicher, als wenn er Jesus Christus ähnlich ist.

Sie sind zur Nachahmung Jesu Christi berufen, und folglich müssen sie alles fliehen, was ihm entgegen ist, das lieben, was er liebt, und das loben, was er gelobt hat.

Die Liebe zu Jesus Christus muss das ganze Leben durchdringen, alle Gedanken, alle Handlungen, so dass wir nur mehr in Jesus leben.

Wenn wir uns an die heiligen Grundsätze Jesu Christi halten, dann bauen wir auf unzerstörbaren Fels und werden unaufhörlich von Kraft zu Kraft schreiten.

Unser Herr hat gewissermaßen das menschliche Elend geadelt und geheiligt, indem er sich allem unterwarf, außer der Unwissenheit und der Sünde.

Seien wir versichert: Die Grundsätze Jesu Christi, die er uns vorgelebt hat, führen nie zu etwas Falschem und tragen Früchte zu ihrer Zeit. Alles andere jedoch ist hohl und misslingt, was nach entgegengesetzten Grundsätzen geschieht.

Unser Herr Jesus Christus ist wahrhaft Modell und unsichtbares Bild, nach dem wir das eigene Tun formen müssen.

So viele Seelen sind in Gefahr! Hätten wir nur einen Funken vom heiligen Feuer, von dem das Herz des Herrn glüht! Würden wir dann mit verschränkten Armen dastehen und die zugrunde gehen lassen, denen wir helfen könnten?

Erbarmen

Erbarmende Liebe erobert die Welt.

Selig diejenigen, die den kurzen Augenblick nutzen,
um Erbarmen zu üben.

Seien wir barmherzig, üben wir gegen alle Erbarmen,
so dass uns nie ein Armer begegnet,
den wir nicht trösten, so gut wir können,
kein Unwissender, ohne dass wir ihm mit ein paar kurzen Worten sagen, was er braucht, um zu glauben und etwas für sein Heil zu tun.

Missionarisches Leben ist ein Leben erbarmender Liebe.

Was würde aus uns, wenn du uns den Geist deines Erbarmens nähmest?

Erbarmen ist das innerste Geheimnis Gottes.
Gott schenke uns diesen Geist des Mitfühlens und Erbarmens in Fülle und halte ihn in uns lebendig.

Vinzenz von Paul

Aus einer fernen, ja fremden Zeit tritt Vinzenz von Paul in unsere Gegenwart. Fern sind uns die politischen Verhältnisse einer Monarchie, fern sind uns die soziale Bodenlosigkeit und der frühe Tod vieler Menschen. Wir scheinen dieses 17. Jahrhundert nur wie ein Museum betreten und betrachten zu können. Bei näherem Hinsehen aber zeigen sich überraschende Übereinstimmungen mit unserer Wirklichkeit. Reiche tragen den jeweils letzten Schrei. Immer raffinierter werden ihre Versuche, die große Langeweile zu betäuben. Das Karussell von Einfluss und Macht dreht sich schneller und schneller. Viele werden gnadenlos ersetzt und stürzen ab. Jenseits der Villen darben die Ausgemusterten. Fassungslos wiegen Mütter ihr Kind im Arm, bis die kleine Lebensflamme verlöscht. Zu ihren Schmerzen empfinden sich Kranke oft noch als Last der Gesellschaft. Begabte verpassen Bildung, wenn sie zur Unterschicht gehören. Eine starke Spannung durchzieht alle gesellschaftlichen Bereiche. Dunkle Wolken über der Landschaft sind die Vorboten eines katastrophalen Gewitters. Die Mächtigen schotten sich ab in einem Absolutismus, den die Revolution blutig einreißen wird.

In der Zerrissenheit seiner Zeit wird ein Mensch zur Stimme eines alternativen Weges. Sein Lebensweg verleiht dieser Stimme ihre Glaubwürdigkeit und ihren warmherzigen Klang. Die Biographie des Vinzenz von Paul ist voller Aufbrüche, Sprünge und Wagnisse. Als Priester lebt er auf der Schnittstelle von Kirche und Gesellschaft.

Er kennt den Reiz des Geldes und sitzt an den Tischen Mächtiger. Bald aber leitet ihn nur noch das Leid der Ohnmächtigen. Die Liebe ihres Schöpfers soll sie erreichen und ihre Situation verbessern.

Am 24. April 1581 kommt Vinzenz von Paul in dem südfranzösischen Dorf Pouy zur Welt. Seine Herkunft aus einer Bauernfamilie sensibilisiert ihn lebenslang für die einfachen Lebensverhältnisse weiter Teile der Bevölkerung. In Toulouse studiert er Theologie. Seine Weihe zum Priester erfolgt am 23. September 1600. Den damit verbundenen sozialen Aufstieg befestigt er in den nächsten Jahren als Hausgeistlicher, Pfarrer und Hauslehrer. Doch er kommt nicht zur Ruhe. Ein Piratenüberfall mit Verwundung, Sklaverei und Flucht wird zum Sinnbild seiner Krise. Der Gott, dem er ganz gehören will, zeigt ihm andere Perspektiven. Bald werden die Menschen ohne Lobby ihm wichtiger als die eigene Karriere. 1619 wird er Oberpfarrer der Sträflinge, die zum Ruderdienst auf der Galeere verurteilt sind. In den folgenden Jahrzehnten gelingt es ihm, die Hilfsbereitschaft vieler Menschen mit dem wachsenden Elend in Frankreich organisatorisch sinnvoll zu verbinden. Er stärkt das Priestertum in der Wahrnehmung seiner Verantwortung. Zentrale Bedeutung gewinnt die Krankenpflege. Vinzenz von Paul initiiert Fortbildungen und die Gründung der Gemeinschaft der Barmherzigen Schwestern. Die Vinzentinerinnen lindern bis heute namenloses Leid an vielen Orten. Mit den Findelkindern nimmt er sich einer weiteren Randgruppe an. Dem Chaos und der Verwüstung der Bürgerkriege begegnet er mit Hilfswerken u. a. für Lothringen, die Picardie und die Champagne. In der Metropole Paris nimmt das Elend zur Jahrhundertmitte ein schreckliches Ausmaß an. Tausende erliegen jeden Monaten ihren Mangelerkrankungen. Ab 1652 organisiert er konkrete Hilfe für die Notleidenden der Stadt. Von 1643 bis 1653 ist er Mitglied im Ministerrat für kirchliche Angelegenheiten. Am 27. September 1660 stirbt Vinzenz von Paul. Am 16. Juni 1737 wird er von Papst Clemens XII. heilig gesprochen. Sein Fest ist am 27. September.

Die Alternative des Vinzenz von Paul besteht in der Liebe. In einer Linie mit den Propheten des Ersten Bundes und mit Jesus von Nazareth öffnet er die Augen für die Möglichkeit, als Geliebte zu lieben: »Das ist eure Sendung: Armen und Kranken menschgewordene Gottesgüte zu sein und Gottes Stelle an ihnen zu vertreten.«

Oliver Kohler

Andreas Felger

Immer wieder erfährt der an der Schwäbischen Alb geborene Maler die Inspiration durch große Texte. Er lebt mit den Worten, trägt sie in sich auf seinen Mal-Wegen durch Landschaften, bis sich in Farben und Formen eine Antwort formt. So entstanden seine Holzschnitt-Zyklen zur Schöpfung, zu Abraham, zum Hohenlied und zum Prediger Salomo.
Zum Johannes-Evangelium schuf Felger ein Ensemble von Ölbildern »Im Anfang Er«. Seit seinem Studium an der Kunstakademie München (1954–1959) erweitert er in unermüdlicher Arbeit die Vielfalt künstlerischer Ausdrucksmittel.
Verstärkt gewinnen dabei seine architekturgebundenen Werke Bedeutung: Holzreliefs, Bildwebereien, Glasfenster, Skulpturen.
Felgers Aquarelle in diesem Buch nehmen die verdichtete, auf Wesentliches konzentrierte Sprache eines Vinzenz von Paul auf. Oft schwingt ein einzelnes Sinnzeichen – Wasser, Ohr, Mond, Sanduhr – in den Farbräumen des Bildes weiter.
Auf seine Weise vermittelt der Maler das Anliegen des französischen Geistlichen: In der Hinwendung zum Einzelnen erschließt sich die einzig angemessene Art des Umgangs mit der Schöpfung. Es geht darum, zu sehen und zu hören, zu verstehen und zu staunen.

Aquarelle: